AF590141

DU LIVRE

DE LA

DÉMOCRATIE EN FRANCE

DE M. GUIZOT

PAR

M. FRANZ DE CHAMPAGNY.

(Extrait du CORRESPONDANT du 21 janvier 1849.)

PARIS

SOCIÉTÉ TYPOGRAPHIQUE

DESOYE, IMPRIMEUR

RUE DE SEINE, 32

1849

DE LA

DÉMOCRATIE EN FRANCE[1]

(JANVIER 1849)

PAR M. GUIZOT.

Nous n'avons que quelques pages pour parler d'un écrit qui soulève les questions les plus graves de notre époque. Et cependant, c'est le privilége d'un esprit supérieur comme M. Guizot de féconder la pensée de celui qui le lit, et d'enfanter dans la tête du lecteur un volume de réflexions plus long que le sien.

Où est le mal de notre pays? quel est le remède? Voilà les deux questions inévitables de toute la politique d'aujourd'hui et de la politique de tous les temps.

Nous hésitons quelque peu à le dire; mais la cause du mal nous paraît insuffisamment définie par M. Guizot.

Le mal, dit-on souvent, c'est la démocratie. Et qu'est-ce donc que la démocratie? Est-ce l'égalité, telle que nos lois, depuis 89, la reconnaissent; telle que, sous peine de se heurter contre l'impossible, tous les esprits l'acceptent aujourd'hui; telle que l'Europe tend universellement à la subir; telle que l'Amérique en donne depuis quatre-vingts ans un illustre modèle; l'égalité, non pas des conditions, mais des droits, dans l'ordre politique et dans l'ordre civil? Non, sans doute.

Est-ce quelque chose de plus? Est-ce une fantaisie d'égalité qui irait

[1] Paris, Victor Masson. 1 vol. in-8°. Prix : 3 fr.

plus loin, qui voudrait niveler les fortunes, méconnaîtrait les supériorités d'éducation et d'intelligence, prendrait pour type de l'homme social l'ignorant et le pauvre, et voudrait tout ramener à ce type ? Mais n'est-il pas clair, pour quiconque sait voir, que cette fantaisie n'est autre chose que la fantaisie de l'impossible ; qu'une telle égalité est une chimère, et que chacun la tient pour une chimère ; que tout ce qui se passe en France depuis dix mois est une protestation contre elle, et une protestation d'autant plus énergique qu'elle émane des moins lettrés et des plus pauvres ? La démocratie proteste elle-même contre l'excès de la démocratie.

« Non, dit M. Guizot au début de son livre, la démocratie n'est pas précisément le danger et le mal ; le mal, c'est le nom qui la désigne. Ce n'est pas la chose qui est dangereuse, c'est le mot. »

Ainsi c'est une simple parole qui nous perd. C'est un mot, malheureusement tombé du dictionnaire du savant dans le dictionnaire du peuple, d'Aristote à M. Cabet, qui est la cause de notre péril.

Quand je parle ainsi, je ne veux pas plaisanter. Je sais toute la puissance des mots ; je sais la désastreuse influence d'une parole vague, jetée par des tribuns qui la comprennent trop à une multitude qui ne la comprend pas, sous laquelle chacun peut sous-entendre sa haine, sa passion, son désir. Toutes les révolutions se sont faites avec une parole que deux hommes n'eussent pas définie de la même manière.

Mais le mot de *démocratie* n'est pas encore un mot populaire. On a crié sur les barricades : Vive la réforme ! On n'a pas crié : Vive la démocratie ! Cette parole si dangereuse appartient encore à la langue savante ; le peuple ne la sait pas, ou du moins il n'a pas de goût à s'en servir. Vous soulèverez peut-être encore quelques hommes, je ne le sais pas, pour le salut de la République ; mais pour le salut de quelque chose que vous appellerez la démocratie, pas un ne marchera.

Il faut donc chercher ailleurs la cause du mal. Quel qu'il soit, il ne saurait être d'hier. Ce n'est pas d'hier que nous flottons au vent des révolutions, que nous nous tournons et nous retournons comme ce malade :

> Che non può trovar posa in sù le piume,
> Ma con dar volta il suo dolore scherma.

Nous nous agitons depuis soixante ans. Or, il y a soixante ans, qu'a-t-on fait ?

On a proclamé alors que l'homme avait des droits ; que le pouvoir ne devait pas être absolu ; qu'une part, et une part aussi large que possible, devait être faite à la liberté humaine. Est-ce là notre mal ? est-ce là la plaie que nous devons guérir, l'erreur que nous devons réparer? Bien des gens le pensent. Mais l'homme même sur la tête duquel est retombée le plus lourdement la dernière commotion des agitations populaires, M. Guizot ne le pense pas. Et qu'il me soit permis de citer ses belles paroles :

« Que la France, quel que soit son péril, ne compte pas sur le pouvoir « absolu pour la sauver. Il ne répondrait pas à sa confiance. Il trouvait « dans l'ancienne société française des principes de tempérance et de « durée. Il avait sous l'empereur Napoléon des principes de force qui « lui manqueraient aujourd'hui. La tyrannie populaire, la dictature « militaire peuvent être des expédients d'un jour, non des gouverne- « ments. Les institutions libres sont maintenant nécessaires à la paix « sociale aussi bien qu'à la dignité des personnes ; et le pouvoir, quel « qu'il soit, républicain ou monarchique, n'a rien de mieux à faire que « d'apprendre à s'en servir, car il n'a plus d'autre instrument ni d'autre « appui. » (Page 122.)

Qu'a-t-on fait encore, il y a soixante ans? On a proclamé l'égalité du droit entre les hommes. On n'a pas prétendu pour cela détruire les inégalités essentielles et inévitables de la nature et de la société. On n'a pas prétendu non plus constituer un peuple et un gouvernement sans hiérarchie. Mais on a constaté par un acte de la puissance publique, contre l'esprit de caste, l'unité originelle de la race humaine ; contre l'esprit de domination, le droit de chaque être humain à la liberté ; on a transporté dans l'ordre civil la notion de l'égalité spirituelle et de l'égalité chrétienne. Est-ce là le mal? Il serait alors bien irrémédiable ; car de tous les faits qui se sont produits depuis 89, celui-là est incontestablement le plus puissant, le plus universel, le plus accepté.

Mais en 89 on a fait autre chose ; on ne s'en est pas tenu à ces deux grands actes qui, au degré de civilisation où l'on était parvenu, n'étaient vraiment plus que des actes de justice. On a grevé l'avenir de la nation et son bien prochain avenir de quelques autres principes, ou, si l'on veut, de quelques autres précédents plus lourds à porter.

On faisait une révolution (et je prends ici ce mot dans le sens le plus honorable, le plus pacifique et le plus pur) ; on a voulu que cette révolution fût anti-chrétienne. Au lieu de chercher à des principes faciles à rapprocher du Christianisme un appui dans l'Evangile, on a cherché l'appui d'un tout autre côté, et bientôt, agités par la conscience de cette faute et chancelant sur le sol vicieux où l'on s'était placé, on a déclaré le Christianisme ennemi et on l'a mis hors de la liberté.

Et il le fallait bien ; car, dès le début, on s'était placé en dehors de la loi et de la morale chrétienne. « *Heureux les doux, parce qu'ils possèderont la terre,* » et comme pour compléter et pour justifier cette parole, l'empire de la terre, le gouvernement ferme et durable appartient rarement à ceux qui se sont élevés par la violence et qui emploient la violence pour se maintenir. Mais, n'écoutant pas cet avertissement, on avait, dès le début, sans nécessité, presque sans excuse, malgré toute chance de succès ouverte par les voies pacifiques, par une précipitation étourdie et une juvénile impatience, donné la préférence aux voies les plus violentes. La violence engendre la violence ; et surtout quand elle est justifiée, prônée, érigée en théorie, prêchée comme dogme, il n'y a pas de raison pour qu'elle n'aille pas se répétant et se multipliant toujours. La France voulait être libre et pouvait le devenir ; elle ne sut être que révolutionnaire. Elle professa le culte de la force, la philosophie des émeutes, la politique des changements ; elle institua et inaugura, comme puissance unique et absolue, la royauté de la révolution.

Voici donc le nom que je donnerais au mal qui nous tourmente ; je ne dirais pas le mal démocratique, je dirais le mal anti-chrétien et le mal révolutionnaire. Nous ne sommes malades ni de trop de liberté ni de trop d'égalité. D'autres ont été, sans péril, aussi démocrates et plus démocrates que nous. Mais nous sommes malades, parce qu'en définitive nous avons méconnu les lois fondamentales de toute société, libre ou soumise, aristocratique ou démocratique. Nous avons mis de côté Dieu et le droit. Nous avons reconnu (non pas toujours sans doute, mais trop souvent) en matière religieuse, la suprématie du doute ; en matière politique, la souveraineté de la violence. L'une ne pouvait guère être séparée de l'autre.

Et maintenant, où en sommes-nous? Le mal commence-t-il à s'affaiblir? entrevoyons-nous le retour? Je l'espère aujourd'hui, et les belles pages de M. Guizot sont une des grandes raisons pour me le faire espérer.

Ce n'est pas qu'il juge le moment actuel avec la sérénité d'un optimiste. Tant s'en faut. Ses paroles sont sévères beaucoup plus qu'encourageantes ; et me permettrai-je même de dire que, dans un exil heureusement momentané, il a ressenti comme un autre les effets de ce point de vue de l'absence, qui exagère facilement, selon les esprits, ou l'espérance ou la crainte?

Dans quelques années peut-être, nous comprendrons tout autrement que nous n'avons pu le faire encore ce qui se passe sous nos yeux ; mais il me semble que nous pouvons dès à présent commencer à soupçonner le secret et admirable dessein de la Providence en nous envoyant la révolution de 1848.

Que se passe-t-il en effet depuis dix mois? et cette dernière explosion de l'esprit révolutionnaire en Février serait-elle le commencement de son agonie? Ce qui me semble certain, c'est que le peuple de France, cette nation si profondément démocratique, montre aujourd'hui un esprit tout autre que l'esprit de révolution.

Il s'éveille un jour, et trouve une révolution faite, je dirais volontiers pendant son sommeil. Une forme de gouvernement lui a été imposée que ses vœux n'appelaient certainement pas. Que fera-t-il? essayera-t-il d'une révolution contraire et rétablira-t-il par la force ce que la force a détruit? Non; il a le goût de la paix; il sait le bonheur possible sous les gouvernements les plus divers. Il trouve au pouvoir quelques noms qui le rassurent. Il patiente; il consent à essayer de ce gouvernement nouveau; il ne le rejettera que quand il l'aura trouvé évidemment vicieux ou insuffisant.

Mais on veut plus; on veut qu'il s'y jette avec l'enthousiasme, avec la fièvre des temps révolutionnaires. On essaie de l'agitation sur les uns, de la terreur sur les autres. Le calme public résiste à l'agitation, le courage public à la terreur; les envoyés de l'esprit révolutionnaire sont expulsés avec honte; et lorsque le peuple, au nom de la révolution elle-même, est appelé à donner l'expression solennelle de sa volonté souveraine, malgré les excitations, malgré les menaces, malgré les promesses de la république révolutionnaire, il donne une majorité immense à la république modérée.

Ce n'est pas assez, à la guerre des votes il faut que la guerre des fusils succède. La révolution, battue par les armes légales, revient à ses armes naturelles, et alors un phénomène se produit qui ne s'était jamais produit encore. Par deux fois, Paris attaqué voit venir la France à son secours; et au lieu de cette inertie du corps social, qui acceptait apathiquement tous les triomphes que la capitale pouvait être obligée de subir, il se révèle une immense sympathie qui appelle immédiatement toutes les forces au point qui est en danger et pour laquelle il semblait que les routes eussent été préparées par la main même de la Providence.

Qu'arrive-t-il encore? Ceux même qui, dans ce jour de combat, avaient le plus utilement défendu la paix sociale, semblent, non pas la déserter, mais la compromettre en certaines choses. On peut leur reprocher quelques torts bien moins démocratiques que révolutionnaires; et la nation française, jalouse jusqu'à la susceptibilité de cette paix sociale qu'elle a commencé et qu'elle veut achever de rétablir, les écarte par un mouvement dont la rectitude a pu être contestée, dont la spontanéité ne saurait l'être, et va se mettre à l'abri d'un nom qui, plus que tous les noms du monde, signifie la force dans le pouvoir.

Enfin l'Assemblée elle-même, que le peuple a nommée et qu'il a nommée dans un esprit d'ordre et de paix, ne suffit plus elle-même à cette soif de conservation qui le dévore. Elle a rendu de nombreux services à la chose publique ; elle a maintenu la paix sociale au prix même de son sang. Mais enfin il semble qu'elle fasse défaut à cette tâche ou qu'elle ne la continue pas avec assez d'ardeur. Elle se ressent trop encore des jours de commotion qui l'ont vue naître. Il y a trop d'agitateurs dans son sein : et le peuple qui l'a nommée, la supplie, la presse, lui enjoint de se retirer. Et, si elle persiste, il semble qu'une révolution violente menace de se faire par le peuple, ami du repos, contre l'assemblée trop amie encore de la révolution.

Ce n'est certes pas un peuple vicié par les excès de la démocratie que celui qui a suivi cette marche aussi ferme, aussi conséquente, aussi modérée, et qui l'a suivie sans une violence, sans un acte irrégulier, sans une infraction, je ne dirai pas à l'ordre légal qu'il s'était fait, mais à l'ordre légal qui lui avait été imposé. Et quand on songe que ceci se passait après trente années pendant lesquelles, par le plus déplorable abus de la pensée, les écrivains les plus éminents qui avaient parlé de la révolution s'étaient attachés à atténuer, à justifier, que dis-je ? à immortaliser ses crimes ; que dans le peuple lettré, l'éloge de Marat et de Robespierre était devenu un lieu commun, le panégyrique de la Terreur un article de foi ; et que c'est le peuple illettré qui a protesté contre ces égarements de l'intelligence, qui, lui, en dépit des panégyristes, est demeuré fidèle aux traditions honnêtes que ses pères lui avaient léguées ; que le génie, malgré toute sa puissance, a été vaincu par la conscience publique : vraiment, à ce spectacle on espère et on remercie Dieu.

Voilà les faits qui s'accomplissent depuis Février. Mais que sont les idées ? C'est M. Guizot qui nous le dira dans un langage magnifique, mais assez sûr de l'approbation générale pour être considéré dès à présent comme l'expression de la pensée publique.

Des idées ? Oui, sans doute, il s'en est produit d'insensées, d'absurdes, d'ignominieuses. Mais il est incontestable en même temps qu'une sorte de répercussion s'opère, et que des idées se produisent en face de celles-là, pour nous toutes aussi nouvelles, mais d'une nature toute différente.

Qu'il me soit permis de m'arrêter un instant. Rien ne me semble plus grave, plus utile, plus fécond en éclaircissements, que l'examen et la recherche des idées qui surgissent depuis quelques mois dans ce parti modéré qui a bien le droit aujourd'hui de s'appeler le peuple Français.

Et l'occasion est belle, puisque nous avons dans M. Guizot le type le plus éminent de ce parti.

Je prends dans M. Guizot l'expression de ces idées et je la prends telle qu'il me la présente. Mes citations pourraient être mieux ordonnées, mais peu importe.

C'est d'abord, selon lui, en ce qui touche l'homme, la vie domestique, la propriété, une préférence plus marquée donnée à la propriété foncière, « toujours la première dans le jugement et dans le désir des hommes. « Ceux qui la possèdent s'adonnent de plus en plus à en jouir; ceux « qui ne la possèdent pas se montrent de plus en plus ardents à l'ac- « quérir. Les grands propriétaires reprennent goût à vivre dans leurs « terres; les bourgeois arrivés à l'aisance placent à la campagne leur re- « pos; les paysans ne songent qu'à ajouter un champ à leur champ. En « même temps que la propriété mobilière se développe avec faveur, la « propriété foncière est plus recherchée et plus goûtée que jamais. « On peut prédire sans crainte que si, comme je l'espère bien, l'ordre « social triomphe de ses ennemis, insensés ou pervers, les attaques dont « la propriété foncière est aujourd'hui l'objet, et les périls dont on la « menace, tourneront au profit de sa prépondérance dans la société. » (P. 80-81.) Et M. Guizot rend compte de cette prépondérance dans un passage admirable que le temps me manque pour citer.

C'est ensuite, et par un enchaînement qu'il ne serait pas bien difficile d'indiquer, un plus grand désir de faire participer à la vie politique, sociale, économique, toutes les portions du pays : « On parle beaucoup « de la centralisation, de l'unité administrative. Elle a rendu d'immenses « services à la France. Nous garderons beaucoup de ses formes, de ses « règles, de ses maximes, de ses œuvres. Mais le temps de sa souverai- « neté est passé, elle ne suffit plus aujourd'hui aux besoins dominants, « aux périls pressants de notre société. Ce n'est pas au centre seul, c'est « partout qu'est aujourd'hui la lutte. Partout attaquée, il faut que la pro- « priété, la famille, toutes les bases de la société soient partout forte- « ment défendues, et c'est trop peu pour les défendre que des fonction- « naires et des ordres venus du centre, même soutenus par des soldats. « Il faut que partout les propriétaires, les chefs de famille, les gardiens « naturels de la société, soient mis en devoir et en mesure de soutenir « sa cause en faisant ses affaires, qu'ils aient leur part, une part effective « d'action et de responsabilité dans le maniement de ses intérêts locaux « comme de ses intérêts généraux, dans son administration comme dans « son gouvernement. Partout le pouvoir central doit tenir le drapeau de « l'ordre social; nulle part il ne peut à lui seul en porter tout le fardeau. » (P. 119 et 121.)

Et maintenant élevons-nous au-dessus de ces détails.

Les pages de M. Guizot sur la religion ont déjà été citées tant de fois qu'il est inutile d'y revenir. Ce que nous remarquons seulement, c'est qu'en même temps qu'il demande le retour de l'esprit religieux, il lui concède sa condition essentielle, la liberté : « J'en conviens : une con- « dition est attachée au bon vouloir et à l'efficacité politique de l'esprit « religieux ; il veut du respect, du respect vrai, et de la liberté. Je re- « connaîtrai même que, dans ses craintes et dans ses désirs, il est quel- « quefois ombrageux, susceptible, exigeant ; qu'il tombe même quelque- « fois dans le courant des idées fausses qu'il a mission de combattre ; je « ferai, aussi largement qu'on le voudra, la part des injustices à subir, « des précautions à prendre, et je dirai comme auparavant : Ne disputez « pas aigrement avec la religion, ne redoutez pas les influences reli- « gieuses, les libertés religieuses ; laissez-les s'exercer et se déployer « grandement, puissamment ; elles vous apporteront en définitive plus « de paix que de lutte, plus de secours que d'embarras. » (P. 145, 147, 148.)

Et rappelant ensuite les trois grands auxiliaires qu'il appelle au secours de l'ordre social, l'esprit religieux, l'esprit politique, l'esprit de famille, il ajoute avec une grande vérité : « On ne traite pas avec les « grandes puissances morales comme avec des auxiliaires soldés et sus- « pects ; elles existent par elles-mêmes, avec leurs mérites et leurs « défauts naturels, avec leurs bienfaits et leurs dangers. Il faut les ac- « cepter telles qu'elles sont, sans s'y asservir, mais sans prétendre se « les asservir, sans leur livrer toutes choses, mais sans leur marchander « incessamment leur part. L'esprit religieux, l'esprit de famille, l'esprit « politique sont, plus que jamais, dans notre société, des esprits néces- « saires et tutélaires. Ni la paix sociale, ni la stabilité, ni la liberté ne « peuvent se passer de leur concours. Recherchez ce concours avec sin- « cérité ; recevez-le de bonne grâce, et résignez-vous à en solder le « prix. Pas plus que les individus, les sociétés ne sont affranchies d'effort « et de sacrifice pour les biens dont il leur est donné de jouir. » (P. 148-149.)

Voilà les pensées de M. Guizot, et il nous semble incontestable que l'opinion publique marche en ce sens. Il appartient sans doute aux esprits supérieurs de la devancer ; mais elle-même leur indique la route dans laquelle ils la devancent.

Mais quoi donc ! ce langage qui plaît aujourd'hui plaisait-il également il y a un an ? eût-il été populaire en 1847, en 1837, en 1830, alors que triomphait ce parti des classes moyennes dont M. Guizot a été un des chefs les plus illustres ? aurait-il plu en 1828, en 1825, en 1819, à cette opposition de quinze ans qui a fini par mener avec elle tout le pays? disons plus, y a-t-il eu depuis 1789 un seul jour où de pareilles idées fussent populaires? M. Guizot lui-même, plus dégagé que personne des influences du moment et des préjugés de parti, eût-il employé un langage aussi énergique à une autre époque de sa vie? Ne semblent-elles pas, même chez lui, sortir de terre, toutes inattendues et toutes nouvelles? et, quant à nous, ne faut-il pas remonter à l'époque où il n'y avait ni presse, ni discussion, ni opinion publique, pour ainsi dire, pour trouver un temps, je ne dirai pas où elles étaient admises, mais où elles n'étaient pas repoussées?

Quoi donc! mais c'est tout l'opposé qui, depuis 89, résonne à nos oreilles! Prenez surtout cette époque de 1814 à 1830, où ce qu'on appelle les idées de 1789 se reproduisaient avec le plus d'éclat, mûries par le temps, dégagées d'une certaine effervescence juvénile, et en même temps rehaussées par ce relief que donne l'opposition. Est-ce que, sur tous les points, on n'eût pas contredit l'admirable langage que tient aujourd'hui M. Guizot? En matière de propriété, la préférence donnée au capital sur la terre, l'industrie exaltée sans restriction, la propriété agricole suspectée d'obscurantisme et d'aristocratie; en matière d'administration, l'unité et la centralisation mises au-dessus de tout, l'esprit local tenu en suspicion; en matière de religion, la foi redoutée, le clergé considéré comme un étranger et un envahisseur, les précautions appelées à grands cris contre ses empiétements, les restrictions à sa liberté invoquées de toutes parts comme la dernière ancre de salut de l'ordre public; la politique réduite (elle s'en glorifiait) à des combinaisons d'intérêt, à des calculs tout matériels, niant toute affection, toute loi morale, toute force morale : est-ce que ce n'étaient pas les thèmes favoris du parti qui dominait alors? est-ce que ce parti, arrivé au pouvoir en 1830, s'est dépouillé de quelques-unes de ces idées? est-ce qu'elles n'ont pas été (tout en tenant compte du changement de position) au nombre des bases fondamentales du pouvoir comme elles étaient au nombre des armes préférées de l'opposition?

Quelque chose de tout à fait nouveau se trame donc aujourd'hui devant nos yeux. Chose étrange! depuis le mois de février 1848, chez les révolutionnaires, il n'y a rien eu qu'une servile imitation du passé; et ce sont, au contraire, les hommes de la réaction qui tendent à marcher dans des voies nouvelles. Ceux qui prétendaient changer notre politique n'ont su faire autre chose que se traîner dans la vieille ornière de 93, et ceux qui prétendent restaurer la société arrivent à la réformer plus qu'ils ne croient, et peut-être même plus qu'ils ne veulent. Oui, ce soulèvement du peuple (et je me sers à dessein de ce dernier mot de *peu-*

ple) contre les idées et les imitations révolutionnaires; cette prépondérance inopinément passée des villes où dominait l'esprit d'agitation, aux campagnes où l'esprit de tradition domine; cette réhabilitation du paysan que l'on méprisait, en face du citadin qui était l'homme civilisé par excellence; ce retour vers la propriété agricole et vers la classe agricole, plus conservatrice et plus sûre, aux dépens de la propriété industrielle, plus décevante, mais plus précaire, de la classe industrielle, plus active d'esprit, mais plus dangereuse; ce mouvement qui ramène les populations sous l'empire des influences naturelles de la propriété, de la religion, de l'éducation, qui ne sont nullement de l'aristocratie; cette réaction en faveur des provinces, répondant à la réaction en faveur des campagnes; la France tout entière prétendant se gouverner elle-même par le vote, s'il faut élire, par les pouvoirs locaux, s'il faut administrer, par les armes, s'il faut combattre; et par-dessus tout, la religion honorée, sans contrainte, sans appui du pouvoir, sans aucun aide ni aucune immixtion politique; l'autel recevant les hommages de tous les partis; le clergé retrouvant, sans l'avoir cherchée, une influence politique et sociale qu'il n'aurait pas eue il y a un siècle; la loi du divorce, populaire en 1830, aujourd'hui rejetée sans discussion; le nom du Pape devenu le plus populaire de tous les noms, si bien que les partis se reprochent mutuellement de ne pas lui venir assez en aide: tout cela est le fait d'une autre France que celle que nous connaissons depuis soixante ans. Le courant des idées avec lequel nous flottions depuis 89, qui, en 1830, emportait un trône, qui nous a gouvernés jusqu'en 1848, dévie, se détourne, nous porte ailleurs, nous conduit dans un sens tout autre, et, ce semble, vers de tout autres destinées.

M. Guizot ne saurait l'ignorer, il se fait l'historien des déceptions révolutionnaires, sous l'empire desquelles « la foi et l'espérance dans l'homme remplaçaient la foi et l'espérance en Dieu. »

« L'épreuve ne s'est pas fait attendre. L'idole n'y a pas longtemps résisté. La confiance a été bientôt convaincue de présomption. La sympathie a abouti à la guerre sociale et à l'échafaud. Les espérances satisfaites ont paru peu de chose comparées à celles qui se sont évanouies comme des chimères. Jamais l'expérience n'est venue si rapide et si grande à la rencontre de l'orgueil. » (Pages 133 et 134.)

« Qu'on ne s'y trompe donc point! Ce n'est pas en rebroussant chemin vers la Révolution que la France marchera confiante et animée. Il n'y a là que des sources taries où notre société fatiguée n'ira point se désaltérer et se rafraîchir. Vous vous plaignez de sa langueur; vous voudriez voir renaître dans son sein cette foi, cette énergie morale qui font la grandeur des nations. Ne demandez point cela à l'esprit révo-

« lutionnaire ; il est incapable de nous le rendre ; il a du bruit, non du « mouvement à nous offrir ; il peut encore consumer, il n'éclaire et « n'échauffe point..... Certainement la France a besoin d'être morale- « ment relevée et raffermie, mais l'esprit révolutionnaire ne peut rien « pour une telle œuvre. » (Pages 137 et 138.)

Et M. Guizot ajoute cette parole décisive :

« Plus l'esprit de famille et l'esprit politique grandiront aux dépens « de l'esprit viager et de l'esprit révolutionnaire, plus la société française « se sentira pacifiée et raffermie dans ses fondements. » (P. 144.)

Mais il faut le dire, il y a là pour le passé une terrible condamnation. Cet esprit viager et révolutionnaire, de quel jour date-t-il ? cet esprit de famille, quand s'est-il affaibli ? cet esprit politique dont le signe distinctif est de n'aspirer qu'au possible et de respecter le droit par dessus toute chose, quel jour a-t-il été oublié ?

Certes, je ne nierai pas les grandes choses qui sont sorties du mouvement de 1789, pas plus que je n'ai nié les grands principes d'égalité et de liberté que le mouvement de 1789 a eus, en partie, ou pour point de départ ou pour prétexte : la liberté dans les lois, l'unité dans l'administration (je ne dis pas l'unité nationale, car elle avait depuis longtemps toute sa force), l'industrie émancipée, le sol fécondé, les armes de la France rendues glorieuses. Mais comme le mouvement de 1789 avait aussi ses deux torts fondamentaux, l'esprit d'irréligion et l'esprit de révolution, il a eu ses funestes conséquences : l'anarchie installée au pouvoir suprême et facilement transformée en tyrannie, la démocratie poussée à la démagogie la plus extrême ; les despotismes les plus divers acceptés avec une docilité toujours également servile ; le mépris de l'autorité contrastant avec ce servilisme envers le pouvoir ; l'instabilité des formes sociales, la faveur acquise d'avance à tous les coups de main qui pourraient s'appeler révolution ; la France, après ses triomphes, vaincue et amoindrie.

C'est de ce terrible legs qu'il faut nous défaire ; et, pour nous en défaire, il faut savoir le condamner dans sa source. Il ne faut pas s'imaginer que le jugement sur le passé soit si indifférent à la conduite du présent. Si nous avons été sauvés deux fois de l'anarchie, en 1832 et en 1848, nous le devons en grande partie à cette horreur traditionnelle pour les souvenirs de 1793, qui vit dans la pensée des peuples, et qui, le jour où le drapeau de 93 a été arboré, s'est réveillée avec énergie. La réprobation des faits de 1793 nous a préservés de la démagogie et du socialisme ; et, j'en suis persuadé, une des conditions nécessaires pour le rétablissement de la paix sociale, c'est un jugement sain sur les faits de 89. Pour que la France sorte tout-à-fait de l'ornière irréligieuse et révolutionnaire, il faut qu'elle sache bien quel jour et comment elle y est entrée; il faut qu'elle examine son passé et sache ce qu'elle doit en rejeter, ce qu'elle doit en garder. Si la réaction n'aboutissait qu'à une restauration pure et simple de l'une ou de l'autre des situations antérieures, si l'on arrivait à se contenter de tenir pour non-avenu le fait de 1848, réparant les ruines, mais ne profitant pas des leçons, on n'aurait construit rien de plus durable que tout ce que nous avons vu s'élever et périr. Il faut que la réaction aille bien au-delà. Ce que je désire qu'elle renouvelle, ce ne sont pas les formes de gouvernement, que je suis bien tenté de mettre toutes sur le même niveau, mais c'est la vie propre de la nation, c'est sa pensée et son intelligence, ce sont les notions morales, véritable fondement de tous les pouvoirs.

J'en ai l'intime conviction, le mal est dans l'esprit révolutionnaire; le remède est dans l'éloignement pour les révolutions futures, motivé sur le regret des révolutions passées. Au lieu du mal, que j'appelle esprit révolutionnaire, attaquer celui qu'on appelle esprit démocratique, c'est, si les choses sont différentes, appliquer le remède là où n'est pas la plaie; si elles sont identiques, c'est attaquer le vice sous un nom qui n'est pas le sien, et, par conséquent, lui porter de plus faibles coups. Ne portons pas devant notre pays un réquisitoire contre la démocratie; la cause serait difficile à gagner. Il y a encore trop d'instincts, trop de pentes, trop d'intérêts de ce côté-là, et la France depuis plusieurs siècles est trop foncièrement démocratique. Mais apprenons à notre pays ce que Dieu, par la voie des événements, travaille à lui apprendre à ne pas aimer les révolutions. S'il y a un sentiment qui depuis dix mois commence à entrer dans son esprit, c'est celui-là. Enfonçons le coin là où la Providence l'a placé. Parlez à un paysan du mal que font les révolutions, il vous comprendra et vous applaudira; parlez-lui des dangers et des torts de la démocratie, il ne comprendra pas, ou, s'il comprend un peu, il se défiera de vous, et vous risquerez de réveiller en lui les passions jalouses que vous cherchez à éteindre.

Et, par-dessus tout, soyons dans le vrai. Ne commettons pas cette erreur de mettre le dogme dans la politique et de chercher dans les formes sociales quelque chose d'absolu. Les grandes maladies des nations ne viennent pas plus de la forme de leur gouvernement que les maladies de l'homme ne viennent de l'habit qu'il porte. Le mal absolu n'est pas plus dans la démocratie que le bien absolu n'est dans l'aristocratie. Mais le bien absolu est dans cette foi religieuse et ce sens moral, dans cette probité individuelle qui maintient la paix publique et fait éviter les révolutions. La France, avec le sentiment religieux et le sentiment de la stabilité politique, peut être, dans ses institutions et dans ses mœurs, démocratique autant qu'elle le voudra ; elle a ce qu'il faut pour ne pas outrepasser la démocratie. La France, avec le doute religieux érigé en doctrine, la révolution consacrée sous forme de dogme, peut se faire, si elle le juge à propos, républicaine, monarchique, démocratique, aristocratique même; sous aucune de ces formes elle ne trouvera ni force, ni durée, ni liberté, ni repos.

www.ingramcontent.com/pod-product-compliance
Ingram Content Group UK Ltd.
Pitfield, Milton Keynes, MK11 3LW, UK
UKHW012134240726
13965UKWH00005B/2179

9 782012 978546